APERÇUS POLITIQUES

SUR

LA SITUATION ACTUELLE

PAR

M. Assézat de BOUTEYRE

Ancien magistrat.

LE PUY

IMPRIMERIE PRADES-FREYDIER

PLACE DU BREUIL

—

1892

APERÇUS POLITIQUES

SUR

LA SITUATION ACTUELLE

PAR

M. Assézat de BOUTEYRE

Ancien magistrat.

—⊰❖⊱—

LE PUY

IMPRIMERIE PRADES-FREYDIER

PLACE DU BREUIL

—

1892

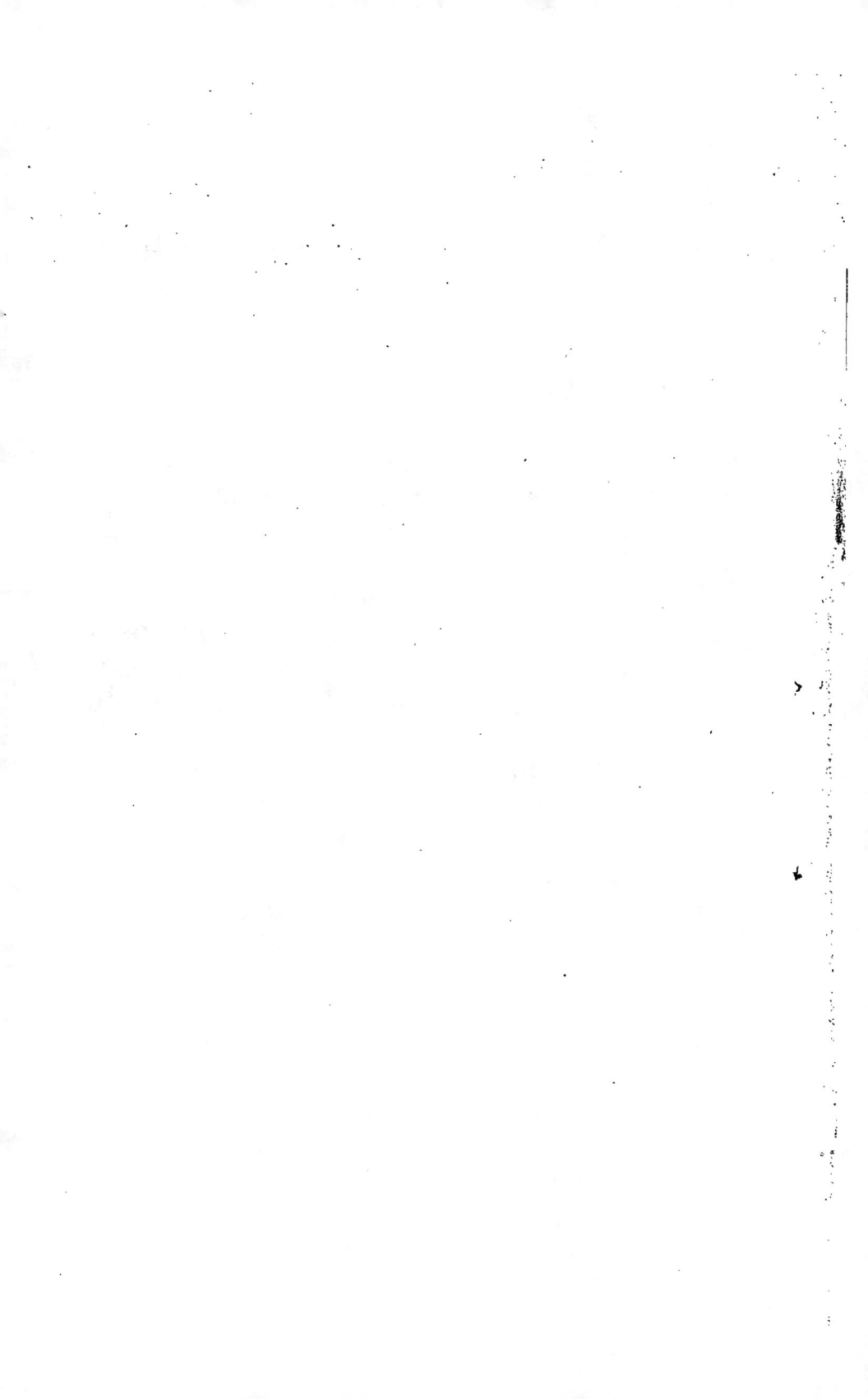

APERÇUS POLITIQUES

SUR LA SITUATION ACTUELLE

Sous ce titre, nous recevons d'un ami qui a occupé jadis une importante situation politique et judiciaire, un article que nous publions en faisant toutefois nos réserves sur plusieurs des idées qu'il exprime.

Il est bien entendu, en effet, pour nous et nos lecteurs que les considérations personnelles de cet article n'engagent absolument en rien la ligne politique de l'*Echo du Velay*.

Du reste l'honorable auteur de l'article en question a pris soin lui-même de mettre notre responsabilité à l'abri en nous adressant une lettre qu'on lira ci-dessous.

En raison de la longueur du document, nous le publierons en plusieurs fois. — A. Prades.

A M. le Directeur de l'*Echo du Velay*.

Mon cher Directeur,

Plusieurs de nos compatriotes m'ont souvent demandé mon opinion sur notre état politique actuel et sur son avenir.

Afin de répondre à leur question, j'espère que vous voudrez bien m'accorder l'hospitalité des colonnes de votre estimable journal dont le libéralisme est bien connu.

Pour donner un aperçu politique exact sur la situation actuelle, il faut, je crois, recourir à l'histoire et jeter un regard en arrière, le passé devant servir de leçon au présent.

C'est ce que je vais faire en disant ma pensée toute entière.

Je n'ai pas la prétention de plaire à tout le monde, car il y a des intransigeants dans tous les partis, qui prennent volontiers leurs idées ou leurs préjugés pour l'opinion publique.

Les uns trouvent que l'on ne va pas assez loin, les autres que l'on fait trop de concessions : — mais, au-dessus des partis, il y a une autre opinion publique, formée d'une majorité sage et pratique, s'inspirant des faits et non des chimères et c'est à celle-là qu'il faut s'adresser, en s'estimant heureux si l'on entre en communion d'idée avec elle.

Je le répète, il me paraît indispensable pour apprécier sainement le présent, de jeter un coup d'œil sur la marche des événements depuis 1789, c'est-à-dire depuis un siècle : rassurez-vous donc, nous n'irons pas jusques au déluge !

Comme parmi les idées que je vais exprimer, il pourrait s'en présenter quelques-unes qui ne seraient pas tout à fait dans la ligne de votre journal, je signe cet article afin de vous éviter toute responsabilité. Pour plus de clarté, je crois devoir le diviser par paragraphes.

Croyez, mon cher directeur, à mes sentiments dévoués,

Assézat de Bouteyre,
ancien magistrat.

---

§. 1er.

Depuis cent ans, tous les gouvernements en France, ont péri par leurs fautes.

Louis XVI. — La République. Napoléon.

A en juger par nos révolutions nombreuses, il semblerait que la France est très difficile à gouverner.

C'est le contraire qui est vrai, car si le gouvernement est sage, qu'il s'appelle Royauté, Empire ou République, le pays qui ne demande qu'à être tranquille et à travailler, l'accepte sans se plaindre.

Mais si le pouvoir normal faiblit ou disparaît, l'anarchie relève la tête et les mauvais jours surviennent, tels que la *Ligue*, les excès de 1793, les émeutes de juin, le règne sanglant et incendiaire de la commune !

Parlons d'abord de la Révolution de 1789, dont on célébrait il y a deux ans le centenaire.

Elle aurait pu, dès son origine, être complète et nous éviter huit à dix gouvernements successifs, au grand détriment de la puissance et de la prospérité nationales.

Il n'y avait qu'à suivre l'exemple des Anglais qui, en 1688, ont fait une révolution et s'en sont tenus là, en améliorant progressivement leurs institutions, sans s'offrir comme nous le luxe désastreux de nombreux changements de régime.

Malheureusement, la providence a parfois de cruelles rigueurs : sur un trône où il aurait fallu Henri IV, Richelieu ou Louis XIV, elle avait placé Louis XVI !

Honnête homme par excellence, animé d'un véritable amour pour le peuple, il était d'une faiblesse inouïe de caractère.

Obéissant tantôt à ses souvenirs, aux traditions de la monarchie absolue, tantôt aux aspirations de réforme et de liberté, il écoute tour à tour les conseils du clergé et de la noblesse et des sages partisans des légitimes réformes.

Il marche en avant, puis il recule — il résiste, puis il cède — en perdant toute influence sur ses amis et sur les libéraux. L'abîme entre le Roi et la nation s'élargit chaque jour et il semble que Louis XVI prenne à tâche de tracer le chemin qui doit le conduire à une mort fatale.

Au lieu de Louis XVI, supposons qu'Henri IV eût occupé le trône de France.

Le grand politique qui n'avait pas hésité à faire décapiter son vieil ami et compagnon de guerre le maréchal de Biron, lorsqu'il fut convaincu de sa trahison, aurait brisé la résistance des privilégiés aux réformes libérales : puis, la main sur la garde de son épée, s'adressant aux agitateurs sans nom, issus de l'écume révolutionnaire, il leur eût dit : je vous accorde tout ce qui est légitime, mais « *halte-là ! N'allez pas plus loin.* »

La révolution eût été pacifiquement accomplie et peut-être, à l'heure actuelle, un descendant des Bourbons règnerait-il sur la France, qui n'aurait pas subi les nombreuses épreuves, néfastes ou glorieuses, auxquelles elle a été exposée depuis un siècle.

Au lieu d'une solution pacifique, la révolution sans guide, marche d'excès en excès : tous les fléaux déchaînés fondent sur la France — guerre étrangère et guerre civile — la terreur remplace la liberté. Clergé et noblesse, bourgeoisie et hommes du peuple, girondins et montagnards, montent successivement sur l'échafaud.

Les caisses publiques et celles des particuliers sont vides, l'agriculture et le commerce sont suspendus jusqu'au jour où le Directoire rend un calme précaire à notre malheureux pays. Mais vienne un gouvernement régulier, les abus de l'ancien régime auront disparu, et la *liberté* et l'*égalité,* ces deux grandes conquêtes de la révolution, un moment obscurcies par la tempête, brilleront d'un nouvel et plus durable éclat.

L'homme qui eût été si nécessaire au début de la Révolution apparaît enfin en 1799. C'est le jeune vainqueur d'Egypte et d'Italie, qui, appelé au Consulat, prend dans sa main glorieuse, intelligente et ferme, les destinées de la France.

Il organise l'administration, la justice, les

finances : il rétablit le culte par le concordat.

L'ordre et la sécurité ne tardent pas à revenir dans le pays : par esprit de conciliation et pour le seconder dans sa tâche, il fait appel à tous les hommes capables, sans trop se préoccuper des fautes ou des erreurs de leur passé.

Devenu empereur, il aurait pu terminer la révolution, s'il s'était inspiré dans sa conduite de la sagesse du premier consul.

Mais une insatiable ambition le dévore : la France avec ses frontières naturelles, plus la Suisse, le Piémont et l'Italie ne lui suffisent pas. Il veut pour ses frères les couronnes d'Italie, de Hollande et d'Espagne. Il lasse l'Europe et peu à peu effrayés de cette agitation, la France épuisée et ses généraux eux-mêmes, n'ont plus pour le servir l'ardeur des premiers jours.

Qui donc n'a pas fait ce rêve qui pouvait assurer pour longtemps à notre patrie la suprématie en Europe?

Nous sommes au 2 décembre 1805 ; la victoire d'Austerlitz a dissous la coalition.

Supposons que Napoléon victorieux ait publié un de ces manifestes comme il savait les rédiger et qu'il ait dit au monde : « La France « est rassasiée de gloire, elle ne veut plus de « guerre et de conquêtes, elle se contente de « ses limites naturelles, et désormais elle va « consacrer son génie et ses richesses aux travaux de la Paix. »

L'Europe entière eût applaudi et désarmé : l'Angleterre elle-même désormais isolée et n'étant plus menacée dans ses intérêts continentaux, eût consenti à une alliance avec le puissant Empereur.

Nous eussions évité ainsi les guerres de Russie et d'Espagne, qui ont sonné le glas de l'épopée impériale et de la suprématie française!

Mais l'adversité elle-même ne peut modérer l'Empereur, et quand le duc de Vicence lui soumet en 1814, les conditions acceptables du congrès de Châtillon; il répond : « J'aime « mieux voir les Prussiens à Paris, que de si-« gner un pareil traité ! »

Et la coalition malgré les héroïques efforts du grand capitaine, nous a envahis deux fois.

Donc comme Louis XVI, comme le gouvernement révolutionnaire, l'Empereur n'a pas été renversé, il a succombé sous le poids de ses fautes. Poursuivons la démonstration, et nous verrons que les régimes qui succèdent à l'Empire sont tombés par la même cause : leurs fautes personnelles!

§ 2.

LOUIS XVIII. — CHARLES X. — LOUIS-PHILIPPE. NAPOLÉON III.

A la chûte de l'Empire, bien que l'opposition d'alors ait répété à satiété que les Bourbons avaient été ramenés dans les bagages de l'étranger, leur existence fut une heureuse fortune pour la France, en lui évitant non seulement un morcellement possible, une anarchie probable, mais en lui conciliant l'appui des souverains étrangers, intéressés à la restauration sur le trône d'une vieille race royale.

Louis XVIII, que l'ordre des successions, après vingt ans d'exil, appelait à régner, était à la hauteur du rôle qui lui était dévolu.

Il savait imposer silence à ses anciennes idées pour se conformer aux exigences des temps modernes. Né sur les marches du trône d'un roi absolu, il se résigna à n'être qu'un monarque constitutionnel.

Cette sagesse eût sa récompense : entré aux Tuileries comme roi, il est le seul *qui y soit mort,* parmi les divers souverains qui, depuis cent ans, ont successivement occupé le Palais aujourd'hui disparu.

Tous les autres ont fini leur carrière dans l'exil.

Au moment de quitter la vie, en septembre 1824, le vieux Roi fit venir son frère et son successeur, le comte d'Artois, le chef du parti des émigrés, de ce parti qui, selon l'expression de l'Empereur, *n'avait rien oublié ni rien appris.*

Plein d'inquiétude sur l'avenir, il bénit le jeune duc de Bordeaux (depuis Mgr le comte de Chambord), et, s'adressant à celui qui allait être Charles X : « Mon frère, lui dit-il, ménagez bien la couronne de cet enfant ! »

Six ans plus tard, au lendemain de la glorieuse conquête d'Afrique, en pleine prospérité, en pleine paix, le Roi, voulant ramener la France au passé, jouait et perdait follement cette couronne ! L'aïeul et le petit-fils prenaient tous deux le triste chemin d'un exil où ils sont morts !

Personne ne songeait à renverser Charles X : le Roi et ses ministres sont donc la seule cause du malheur qui les a frappés.

Louis-Philippe « *la meilleure des Républiques* », disait du haut du balcon du Palais royal, le 1ᵉʳ août 1830, notre compatriote le général Lafayette, à ceux qui ne voulaient plus de royauté, lui succède.

Plein de sagesse et d'esprit politique, le nouveau Roi, secondé par d'habiles ministres, domine les émeutes, échappe miraculeusement à de nombreuses tentatives d'assassinat, donne à la France le calme et la prospérité avec la gloire militaire, car le drapeau tricolore brille à Anvers, en Afrique, à Saint-Jean-d'Ulloa.

La couronne semblait à jamais assurée dans cette magnifique famille, où, comme le disait un jour Dufaure « toutes les filles étaient chastes et tous les fils valeureux », quand une obstination impardonnable vient nous apporter une révolution nouvelle.

Le ministère refuse l'adjonction des *capacités* à la liste électorale (quelques milliers d'électeurs de plus !) et le lendemain, à la suite d'une émeute, que le maréchal Bugeaud promettait de vaincre avant la fin de la journée, le trône s'écroule, la République est proclamée à la stupéfaction profonde du pays, et le suffrage universel devient la loi électorale !

Et ici encore, le roi qui n'a pas voulu se défendre et qui n'a pas même permis qu'on le défendît, prend avec sa famille le chemin de l'exil.

La dynastie d'Orléans succombe donc par sa faute, pour n'avoir pas su faire des concessions légitimes.

C'est par ses fautes aussi que succombe la seconde république : la sanglante émeute de juin, l'invasion de la Chambre, les menaces des socialistes pour l'échéance de 1851, ont semé l'épouvante dans la masse conservatrice du pays ; il se jette alors dans les bras du Prince Président, qui lui promet l'ordre et la sécurité, et sept millions de suffrages viennent légitimer le coup d'Etat.

Ce que les adversaires de l'Empire appellent le crime de décembre a été absous et ratifié plusieurs fois par le suffrage populaire : les républicains, qui parlent sans cesse de la volonté nationale, ont-ils jamais songer à consulter le peuple sur la légitimité de la révolution du 4 Septembre, opérée en présence de l'ennemi ?

L'Empire ne tarde pas à succéder à la République et ce régime, comme le régime de Louis-Philippe a donné 18 ans de calme et de prospérité à la France. Sébastopol, Magenta, Solférino prouvent qu'il n'a pas été sans gloire et s'il est tombé à la suite d'une guerre effroyable avec l'Allemagne, la responsabilité de cette lutte incombe plus à l'affolement de l'opinion publique surexcitée par l'opposition qu'à l'Empereur lui-même.

Tous ceux qui ont eu l'honneur de Le voir dans l'exil et je suis de ce nombre, savent qu'il ne variait pas dans ses explications sur les événements et qu'il disait sans cesse : « J'ai « consenti, mais à regret, à la déclaration de « guerre, parce que je pensais que le peuple « de France la voulait et j'ai dit dès le pre- « mier jour que je ne me dissimulais ni la gra- « vité. ni les dangers de la lutte. »

Et l'Empereur avait raison : la partie remuante du pays voulait seule la guerre : Il ne faut pas oublier, en effet, que M. de Girardin,

promettait 100,000 francs au premier soldat
qui entrerait à Berlin et que des attroupements
allaient menacer l'hôtel de M. Thiers, qu'on
appelait *le petit prussien,* parce qu'il avait
supplié la Chambre d'y regarder à deux fois,
avant d'engager un si grave conflit !

Et si nous n'étions pas prêts, n'était-ce pas
la faute de l'opposition ? Quand l'illustre maréchal Niel, demandait, pour obvier à tout
danger, que la nation entière fut astreinte au
service militaire (ce que la République avec
raison a fait depuis), Jules Favre, s'écriait :
« Mais vous voulez donc faire de la France un
« camp retranché ? « Oui, répondait triste-
« ment le maréchal, parce que je ne veux pas
« en faire un cimetière !

Les événements de 1870 ont prouvé que le
vieux soldat s'était montré patriote plus pré-
voyant que le célèbre faussaire, qui proclamait
bien haut que la France ne cèderait ni une
pierre de ses forteresses, ni un pouce de son
territoire ! M. de Bismarck lui a répondu en
nous enlevant Metz et Strasbourg, l'Alsace et
la Lorraine !

Certes, si l'Empereur avait eu la volonté et
l'énergie des premières années de son règne,
il aurait pu arrêter ce mouvement factice,
mais il était déjà atteint de cette maladie
cruelle, qui paralyse les forces morales et
physiques, qui l'a soumis pendant la campagne
à de véritables tortures et qui a fini par le
conduire au tombeau.

Si donc, comme les régimes précédents,
l'Empereur est tombé par sa faute, il faut être
juste et reconnaître qu'elle est singulièrement
atténuée par la pression aveugle d'une partie

de l'opinion publique, obéissant aux sugges-
tions de l'opposition et par les conditions physiques dans lesquelles se trouvait le souverain.

§ 3.

**Quelle attitude doivent aujourd'hui prendre
tous les conservateurs vis-à-vis de la République, pour reconquérir la part d'influence
à laquelle ils ont légitimement droit ?**

Tel est le point qui nous reste à examiner
et nous allons procéder à cet examen, sans il-
lusion, avec calme, avec impartialité, en nous
basant sur les événements passés que nous ve-
nons de rappeler.

La République, aujourd'hui dans sa vingt
et unième année, est le gouvernement qui,
depuis un siècle, a eu la plus longue existence,
et rien n'indique qu'elle soit près de sa fin. —
Les hommes qui ont servi la Restauration ont
disparu, ceux qui ont servi la royauté de juillet et l'Empire, touchent à la fin de leur carrière ; ils sont remplacés par une génération
nouvelle qui n'a pas connu les régimes précédents et qui ne leur est rattachée que par des
souvenirs ou par des traditions de famille.

C'est déjà une grande force pour le gouvernement actuel.

En second lieu, la République jouit d'un
grand avantage parce qu'elle est anonyme :
La responsabilité de ses fautes par cela seul
qu'elle pèse sur tous, ne pèse en réalité sur
personne.

Si un empereur ou un roi occupent le trône, on fait toujours remonter jusques à eux une certaine responsabilité : avec la République, rien de pareil.

Supposons que dans une conversation intime, vous vous plaigniez à M. le président Carnot, de certaines mesures ou de certaines tendances du gouvernement? Il vous répondra avec raison : Que voulez-vous que j'y fasse! Je règne et ne gouverne pas!

Vous allez trouver les ministres qui avec non moins de raison vous déclarent que vous êtes dans le vrai, mais qu'ils doivent obéir à la Chambre!

Puis, vous vous adressez en désespoir de cause, à vos députés conservateurs, si vous en avez et qui vous répondent à leur tour : Nous sommes impuissants, car la majorité est contre nous!

Et vos plaintes les plus légitimes, restent ainsi à l'état de lettre morte.

Que faire alors!

Il ne suffit pas, si vous voulez améliorer la situation et ne pas continuer à être des émigrés à l'intérieur, dont l'influence diminue chaque jour, de vous confiner dans un salon, et en fumant des cigares plus ou moins exquis, de gémir sur les malheurs des temps et de prédire la chûte prochaine de la République.

Il faut résolument et directement vous adresser au suffrage universel, sans solliciter l'appui de l'administration, ce qui serait aussi inutile qu'illusoire.

Il existe en effet des Préfets dont les uns sont et dont les autres ne sont pas courtois. Les premiers si vous leur parliez de vous ral-

lier ne manqueraient de vous dire : « Je suis
« heureux que vous reconnaissiez, que le gou-
« vernement actuel est le seul possible, mais
« votre passé doit inspirer une défiance légi-
« time, et quand vous aurez donné des gages
« sérieux de votre adhésion à la République,
« nous verrons si l'administration doit ne pas
« vous combattre dans les luttes électora-
« les. »

Les seconds, se borneraient à vous déclarer
« que la République jusqu'à ce jour a marché
« sans vous, et qu'elle n'a aucun besoin de
« votre concours, auquel elle préfère celui
« des républicains de la veille. »

Vous seriez ainsi écartés sur toute la ligne.

Vous aurez au contraire de grandes chances
de réussite, si en parlant au suffrage universel, vous lui tenez ce langage :

« Sans être un républicain d'ancienne ou
« de nouvelle date, sans renier en quoi que
« ce soit mon passé, je ne puis méconnaître
« l'existence du régime actuel.

« Je veux contribuer à le rendre habitable,
« et comme je vous sais ennemi des révolu-
« tions dont vous êtes la première victime, je
« ne vous propose donc pas de rétablir la Mo-
« narchie ou l'Empire : en un mot, je ne
« veux pas détruire, mais améliorer.

« Je veux la liberté pour tous; Je veux
« qu'on puisse aller à la messe ou ne pas y
« aller;

« Faire à son gré, élever ses enfants dans
« les écoles laïques ou religieuses;

« S'associer en communauté pour faire le
« bien ou prier Dieu, (sans que le fisc vous
« ruine par des impôts insensés), comme on

« se réunit en société pour exploiter une
« industrie ;

« Etre économe des finances de l'Etat, car
« les impôts écrasent chaque année de plus
« en plus, le commerce et l'agriculture.

« Tout cela, je le veux comme la monarchi-
« que Angleterre et la républicaine Améri-
« que. »

Si vous parlez ainsi, vous serez écouté et
compris et vous réussirez peut-être, car aux
élections de 1789, la majorité des républicains
sur les conservateurs n'a été que de 278,067,
tandis qu'en 1881, elle s'élevait à 1,342.615 :
si dans la dernière élection, 139,035 voix eussent été déplacées, la majorité du parlement
serait aujourd'hui conservatrice !

Il y a donc peu d'efforts à faire pour obtenir
le succès.

La marche à suivre que nous exposons, a
été pour la première fois soutenue par l'honnête et intelligent Raoul Duval, et quelles
attaques ne lui a-t-elles pas values ! Ambi-
tieux, illuminé, renégat, etc., etc.

Après une longue conversation avec lui, je
crus devoir à mon tour, il y a déjà quelques
années, faire part de ces idées, à des conservateurs de mes amis, dans la Haute-Loire, et je
ne me flatte pas je l'avoue, d'avoir obtenu
beaucoup de succès.

Voyez, me répondaient-ils, comme cette doc-
trine a réussi au duc de Caraman !

Il a été combattu à la fois par les conservateurs et les républicains !

Cet échec isolé, ne prouve qu'une chose : le
défaut de sens politiques des uns et des autres.

Faut-il parce que les électeurs de l'Oise ont été inintelligents, conclure que tous les électeurs de France le seront ?

L'idée de ce pauvre et excellent Raoul Duval a fait son chemin, parce qu'elle était juste : *il n'y a que les bornes qui ne changent pas,* disait un jour Lamartine, — et il avait raison.

Elle a fini par être soutenue dans le Parlement par MM. Piou, Dugué de La Fauconnerie et tant d'autres : dans la Presse, par plusieurs journaux importants, notamment par le *Figaro,* où M. Magnard représente dans son Echo politique, la raison et le bons sens incarnés.

L'éloquent député monarchiste le comte de Mun, l'éminent publiciste républicain Lamy viennent de s'y railler. (1)

L'honorabilité, l'intelligence de pareils hommes est pour tous une garantie suffisante.

Dans le clergé le cardinal Lavigerie a pris le premier la même thèse en main et a recueilli l'adhésion de nombreux Prélats.

Le 16 janvier dernier, nos cinq cardinaux français, disaient dans leur manifeste au clergé de France : « votre devoir est de faire trêve « aux dissentiments politiques en se plaçant « résolument sur le *terrain constitution-* « *nel* et de se proposer avant tout la défense « de la foi menacée. »

« En résumé : respect des lois du Pays, hors « le cas où elle se heurtent aux exigences de

---

(1) Voir le très remarquable article de M. Lamy, dans la *Revue des Deux Mondes,* sur le devoir des conservateurs, n° du 1er juin 1892.

« la conscience ; respect des représentants du
« pouvoir, *acceptation franche et loyale*
« *des institutions politiques.* »

Enfin, le 16 février dernier, l'illustre. et
Saint-Pontife Léon XIII, s'adressant aux ar-
chevêques, évêques et clergé catholique de
France, a prononcé ces paroles :

« Chaque forme politique est bonne et peut-
« être appliquée au gouvernement des peu-
« ples... cette forme naît de l'ensemble des
« circonstances historiques ou nationales...

« Inutile de rappeler que tous les individus
« sont tenus d'accepter ces gouvernements et
« de ne rien tenter pour les renverser ou en
« changer la forme...

« Une telle attitude est la plus sûre et le
« plus salutaire signe de conduite pour tous
« les français dans leurs relations civiles avec
« la République, qui est le gouvernement ac-
« tuel de leur nation...

Et ce n'est pas tout.

Une dépêche récente adressée aux membres
du congrès catholique de France, renouvelle
ces injonctions et entraîne la démission de
plusieurs chefs éminents du congrès.

Le cardinal vicaire, causant à Rome avec un
visiteur prononce ces graves paroles : le Saint
Père a réfléchi deux ans au pied de son Cru-
cifix, avant de prendre cette décision : *Aujourd'hui elle est irrévocable.*

Hier encore, le cardinal Rampolla, félicitait
toujours au nom du Pape, l'éminent avocat
Descottes, chef du parti monarchique de la
Savoie, pour avoir engagé la jeunesse catholique à se conformer franchement aux instruc-
tions du Saint-Siège !

Nous n'insistons pas davantage ; voilà un langage clair, ferme et précis.

Bien qu'il émane de la plus haute autorité spirituelle, croyez-vous qu'il sera partout bien accueilli ? Non : de même qu'il y a des royalistes, plus royalistes que le roi, il existe des gens plus infaillibles que le Pape et récemment un comité conservateur de Bordeaux, s'empressait de déclarer que malgré l'opinion du Souverain Pontife, il fallait continuer à combattre la République et tâcher de lui substituer la Monarchie !

Cela rappelle une vieille histoire dont je ne garanti pas l'authenticité.

Un jour de noces, un bon curé de campagne ne voulait pas qu'on dansât : mais lui dit un assistant lettré, l'histoire prétend que notre Seigneur s'est montré plus tolérant aux noces de Cana : ce n'est pas ce qu'il a fait de mieux ! répondit le Curé.

Le comité de Bordeaux est sans doute du même avis, au sujet de l'Encyclique de Léon XIII !

La seule chance de succès qu'ont les conservateurs de toutes nuances, c'est de se placer pour lutter sur le terrain constitutionnel.

Il ne faut pas à l'exemple de l'autruche, parce qu'on se met la tête sous les ailes et qu'on ne regarde pas devant soi, nier l'existence de ses adversaires.

Suivez attentivement le mouvement électoral dans ses manifestations multiples, conseil d'arrondissement et conseil général, élection législatives ou sénatoriales et que verrez-vous ? C'est que pour un candidat réactionnaire qui réussit, dix candidats républicains sont élus !

Dans notre pays, où le gouvernement établi
a tant de force, où chacun veut une part de ses
faveurs, l'électeur se dit avec son gros bon
sens, qu'il n'obtiendra quelque chose que par
l'intermédiaire du député ou du sénateur républicains : il les nomme et plus nous irons,
plus cette tendance s'accentuera.

Ce n'est pas du rivage que l'on conduit le
navire en danger et qu'on évite les écueils :

Il faut être au gouvernail et diriger la ma-
nœuvre et tant que les conservateurs reste-
ront sur le rivage, ils seront presque toujours
battus.

Croire que la conciliation soit si difficile, est
une erreur.

En voulez-vous un exemple ? Dernièrement,
le samedi 5 mars, une réunion plébiscitaire de
six arrondissements de Paris, se tenait dans
un quartier populeux, à la salle des Mille Colonnes.

Parmi les 1,500 personnes y assistant, toutes les opinions politiques étaient représentées.

Bien que mon vieil ami le baron Legoux,
nous présidât, les mots de monarchie ou d'empire n'ont pas été prononcés et la discussion
a uniquement porté sur les moyens d'assurer
la sincérité du suffrage universel et elle s'est
terminée par ce cri unique : Vive la France !

Des socialistes, des anarchistes ont demandé
la parole qui leur a été accordée. On les a priés
seulement tout en exposant librement leurs
doctrines, — de ne pas s'écarter des conve-
nances, ce qu'ils ont fait d'ailleurs — et quelques-uns d'entre eux, dans les meilleurs ter-
mes.

Quoi qu'adversaires nous ne nous sommes

pas injuriés, les injures n'étant jamais des raisons.

Je suis de ceux qui les ont combattus énergiquement mais courtoisement et ils m'ont écouté avec le plus religieux silence.

A la fin de la séance, ils sont venus remercier le Président de son impartialité, ils lui ont tendu la main et lui ont déclaré que le dévouement à la patrie et la sincérité du suffrage universel, étaient un terrain sur lequel tous les partis devaient s'entendre en s'engageant à respecter ses décisions.

Le Comte de Paris et le Prince Victor, eux aussi ont accepté le suffrage universel :

C'est donc sur cette plate-forme que doivent se placer tous les partis.

§ 4.

Transformations successives du pouvoir exécutif en France ; changements à apporter à la Constitution.

La réunion des partis qui nous paraît utile sur le terrain constitutionnel, ne doit pas s'opposer à certaines modifications que la raison et l'expérience rendent nécessaires dans nos lois organiques.

Certes, ce ne sont pas les constitutions ou les chartes qui nous manquent, car depuis cent ans, on en compte malheureusement un trop grand nombre.

Mais l'humanité marche, et les lois doivent la suivre, sous peine de voir se produire de nouvelles révolutions.

Il faut donc régler de la manière la plus sage, les rapports entre les pouvoirs législatifs et exécutifs.

Tour à tour le pouvoir législatif a été composé d'une ou de plusieurs chambres, sous des dénominations diverses : — Assemblée nationale, Sénat, Conseil des anciens, Tribunat, Chambre des pairs, etc., etc (1).

Malgré les prétentions des républicains avancés, qui persistent à demander la suppression du Sénat, il importe à la liberté de le maintenir, de le fortifier et de lui inspirer même dans certains cas, un esprit de résistance plus énergique aux tendances ou aux décisions de la Chambre des députés.

Qui sait même ce que pourrait devenir un jour cette chambre, si les élections insensées et néfastes, dont nous avons tous été récemment les témoins attristés, devenaient plus fréquentes ?

Mirabeau, qui ne peut être taxé d'avoir aimé le despotisme dont il avait été victime pendant toute sa jeunesse, lorsqu'il fut question de n'avoir qu'une Chambre unique comme pouvoir législatif, déclara que si cette résolution était adoptée, il préférerait vivre à Cons-

(1) Const. du 24 juin 1793.
—   22 août 1795, art. 44.
—   15 déc. 1799, art. 15, 25, 3.
—   4 août 1802, — 54.
—   18 mai 1804, — 57.
Charte du 10 juin 1814, art. 14.
Const. du 23 avril 1815, — 3.
Charte du 14 août 1830, — 14.
Const. du 4 novembre 1858, art. 20.
—   14 janvier 1852, — 5.
—   26, 28 février 1876, — 5.

tantinople qu'à Paris : avec sa haute intelligence, il avait prévu le despotisme, les cruautés, les folies des meneurs de la Convention, la lâcheté de la majorité, de la Plaine, du Marais, et de la France elle même terrorisée par quelques sectaires.

Si les Girondins, si la Bretagne protestèrent au prix de leur vie, de la guerre civile et des ruines qu'elle entraîne, contre cette dictature, les caractères les plus fermes eurent leurs défaillances : que faisiez-vous, disait-on un jour, à l'illustre Sieyès, sous la Convention ? *J'ai vécu....*, telle fut sa laconique réponse.

Dans l'intérêt de notre liberté, de notre sécurité à tous, il faut que le Sénat soit conservé, sauf à examiner si le mode actuel de nomination ne pourrait pas subir quelques changements.

Quel danger y aurait-il, par exemple, à laisser au pouvoir exécutif, la nomination directe d'un petit nombre de sénateurs, choisis parmi les illustrations de la science et des arts, de l'armée et de la marine, de la magistrature du barreau et des finances ? hommes dont les lumières dans les questions spéciales, seraient d'un grand secours pour éclairer les décisions parfois hésitantes du Sénat.

Ce premier point établi : maintien du pouvoir législatif entre les mains de deux Assemblées, examinons quelles doivent être l'origine et les attributions du pouvoir exécutif.

§ 5.

Le pouvoir exécutif depuis cent ans.

Si quelque chose peut donner une idée des variations de notre esprit politique, c'est certes la composition successive du pouvoir exécutif de France à dater de la Révolution.

Dès 1792, le trône est vacant, la Convention est souveraine : elle décide que 24 membres choisis par le corps législatif sur les candidats présentés (1 par département) dirigeront les affaires du pays ; plus tard elle les remplace par 12 commissions prises dans son sein : (1) bientôt, un nouveau changement : cinq directeurs, nommés par l'Assemblée dont un sera renouvelé chaque année (2). Ils ne tardent pas à être remplacés par 3 consuls nommés pour dix ans et rééligibles.

Bonaparte est déjà presqu'un souverain, car en qualité de premier consul il a tous les pouvoirs, et ses deux collègues n'ont que voix consultative (3).

Aussi comme l'a dit Victor Hugo, en parlant de l'astre qui se lève à l'horizon :

Et du premier consul, déjà par maint endroit,
Le front de l'empereur perçait le masque étroit.

Un sénatus consulte (4) approuve le vote

(1) Art. 31. Const. du 24 juin 1792.
(2) Constitution du 5 fructidor an 3 (22 avril 1795).
(3) Art. 8 et 41. Loi du 22 frimaire an 8 (15 décembre 1802).
(4) Art. 142 S. Cons. du 28 floréal an 12 (18 mai 1804).

2*

qui, par 3,572,229 *oui* contre 2,569 *non* a promu le glorieux soldat de Marengo, à la dignité impériale.

Toutes ces splendeurs passent comme un éclair. L'heure des désastres a sonné, et la monarchie légitime d'abord, puis la monarchie de juillet ensuite, recueillent l'héritage du grand capitaine.

Pendant cette période de 33 années, 1815 à 1848, la France a vécu, calme, heureuse et prospère sous la monarchie constitutionnelle où le roi et les Chambres exercent leurs pouvoirs distincts.

Nous arrivons à 1848, où trois dynasties écroulées sont remplacées par la République.

Il faut un chef à l'Etat, et malgré M. Grévy qui, par son célèbre amendement, repoussait la présidence qu'il acceptera plus tard, (en réalisant huit millions d'économies, pendant que la France s'appauvrissait, et en laissant son digne gendre Wilson transformer l'Elysée en une agence d'affaires véreuses) la Constitution du 4 novembre 1848, décide que la République aura pour chef un président, nommé au minimum par deux millions de voix, sans quoi l'assemblée choisira un des cinq candidats ayant réuni le plus grand nombre de suffrages : elle se réserve néanmoins le choix du Vice-Président (1).

L'art. 58 de cette même Constitution donne une sorte de droit de *veto* au président, qui peut dans les trois jours ou dans les six mois de la promulgation d'une loi, urgente ou ordinaire,

_____

(1) Constitution du 4 novembre 1848.

demander au Corps législatif, une nouvelle délibération. L'assemblée de son côté, en vertu de l'art. 111, est investie du droit de demander pendant la dernière année de sa session, la revision de la constitution.

Mais les évènements se précipitent : les 20-21 décembre 1851, une constitution est faite et promulguée par le Prince Président par suite du plébicite qui l'a élu par 7.500,000 voix chef de l'Etat, pour une période de dix années.

Les articles 31 et 32 de cette Constitution contiennent en germe l'Empire, car ils donnent au Sénat le droit de proposer la révision du nouveau pacte social : aussi en vertu du Sénatus-consulte du 7 novembre 1852, il prononce le rétablissement de l'Empire, et sa décision, soumise au vote populaire, est ratifiée le 1er décembre 1852, par 7,824,189 *oui* contre 253,145 *non*. (1)

L'Empire si brillamment inauguré succombe à son tour et le 17 février 1871, à la suite de nos malheurs, la présidence de la République est confiée à M. Thiers, par un vote de l'Assemblée nationale.

Des décrets successifs règlent les attributions du chef du pouvoir et ses rapports avec l'Assemblée.

Il préside le Conseil des ministres en cas d'empêchement, il délègue ce droit à l'un d'eux ; (2) il communique avec l'assemblée par message et au besoin, il peut être entendu par elle ; (3)

(1) 1er décembre 1852, décision du Corps législatif.
(2) Décret, 23 septembre 1871.
(3) Décret, 13-15 mars 1873.

Le Président sera élu pour une période de sept années par le Sénat et l'Assemblée réunis en congrès ; (1)

Il pourra dissoudre la Chambre avec l'avis du Sénat (2), mais il est obligé de la convoquer dans un délai de trois mois, réduit à deux, par un décret qui déclare en même temps que « la forme républicaine ne peut faire l'objet « d'une proposition de révision et que les mem- « bres des anciennes familles royales sont « exclues de la Présidence » (3)

Il négocie avec les puissances étrangères les traités de paix, qui ne sont valables, ainsi que toute déclaration de guerre, qu'après l'approbation des Chambres. (4)

Il ne peut être mis en accusation que par les députés et jugé que par le Sénat. (5)

Les sessions parlementaires doivent durer au moins cinq mois par an et commencer le second mardi de janvier. (3)

Il prononce la clôture des sessions, mais pendant leur intervalle, il est obligé de les convoquer si la majorité des deux Chambres le demande.

Le Président de la République est certes investi de certains pouvoirs, mais son indépendance, vis-à-vis du Corps législatif n'est pas suffiante : Il ne faut pas qu'en cas de conflit, il soit obligé de *se soumettre ou de se démettre* comme le disait Gambetta.

(1) Le nombre des sénateurs est fixé à 300, dont 75 choisis par l'Assemblée et 175 par le suffrage universel (art 4 const. du 28 février 1875.

(2) Art 2 et 5 du 28 février 1875.

(3) Loi du 16-18 juillet 1876.

(4, 5) Loi du 16-18 juillet 1876. art. 8, 9, 12.

Il faudrait donc revenir aux constitutions de 1848 et de 1852, et le faire élire directement par le suffrage universel.

Nommé par les Chambres, il est placé, vis-à-vis d'elles, dans une sorte de dépendance morale. Nommé directement par le peuple, il est, un pouvoir ferme et respectable : dans l'intérêt de la sécurité publique, il est nécessaire, si les tendances du Parlement devenaient un jour inquiétantes et contraires à l'esprit général du pays, que le chef d'état, fort du suffrage populaire, pût appeler ce pays lui-même à décider entre le Parlement et lui : cette seule possibilité suffirait pour maintenir le Parlement dans ses limites naturelles.

N'est-il pas évident aujourd'hui, que nous sommes absolument gouvernés par la Chambre des députés qui empiète chaque jour sur les attributions de l'exécutif?

Dans son arrondissement, — un député fait nommer ou révoquer un fonctionnaire qui lui plaît ou lui déplaît — le Ministre cède à des sollicitations ou à des menaces et le Président est forcé de sanctionner souvent une injustice.

N'est-ce pas contraire au principe de la séparation des pouvoirs et à l'indépendance et à la dignité du pouvoir exécutif?

La Constitution des Etats-Unis, est plus logique et plus libérale : elle décide que le Président sera élu par des délégués nommés par le peuple et que ni les députés, ni les sénateurs, ni les fonctionnaires, ne peuvent être électeurs : de plus elle investit le chef de l'Etat du droit de *Veto* sur toute loi promulguée : en cas de veto, la loi nouvelle ne peut être votée que par une majorité des deux tiers des sénateurs et députés. (1)

En proposant la nomination du chef de l'Etat, directement par le suffrage universel, nous sommes non seulement dans les traditions de la République Américaine, — qui compte plus d'un siècle d'existence, et dont on invoque sans cesse les précédents, mais nous sommes aussi dans les traditions des trois Républiques françaises.

Les vieux Républicains ne peuvent donc pas se plaindre de ce qu'on fait leurs aïeux ni répudier ce qu'ils ont fait eux-mêmes, jusques au jour dans leur intérêt personnel, ils ont dépouillé de ses droits le peuple souverain !

§ 5. — Conclusion.

En terminant, résumons ce trop long article, et disons :

Ne méconnaissons pas le mouvement qui se produit en province et à Paris surtout.

Celui de Paris est incontestablement le plus important, car c'est de la capitale que sont parties toutes les révolutions que la France subit ou accepte.

Lorsque la Convention par l'article 5 de la Constitution du 22 août 1795 brisa les provinces et les remplaça par les départements, elle savait quelle force elle allait donner au pouvoir central quel qu'il fût.

(1) Constitution du 17 septembre 1787. Tarqueville démocratie en Amérique. T. I. Page 196.

Lorsqu'il n'y eut plus de province, de Bretagne, de Languedoc, de Provence, avec leur autonomie, leur esprit local, leurs états, — le Préfet représentant du gouvernement, fut investi d'un immense pouvoir, — il centralisa dans ses mains, les forces vives du pays.

Supposons que Paris nous annonce demain un changement quelconque dans le gouvernement ? croyez-vous que Lyon ou Marseille, Nantes ou Bordeaux, Clermont ou le Puy, seraient capables tout en ne l'approuvant pas de le combattre comme l'avaient fait plusieurs fois, les anciennes provinces, en refusant d'enregistrer les volontés royales ?

Non, le reste de la France, bon gré mal gré obéirait à Paris : il est certes aussi injuste qu'absurde que 3 millions d'hommes fassent la loi à plus de 30 millions, mais il en est et il en sera toujours ainsi.

Si la Province s'est soulevée en 1871 contre la commune, c'est qu'elle a suivi l'impulsion donnée par le gouvernement légal de Versailles contre une insurrection procédant par l'incendie et l'assassinat.

Un mot encore.

Pour les esprits sérieux, la révolution dont nous menacent les partis avancés, socialistes, anarchistes, collectivistes, etc., n'est pas *politique*, elle est *sociale*.

Les opposants au point de vue *politique*, ne peuvent réclamer, sauf pour les élections sénatoriales, plus de droits qu'ils n'en ont aujourd'hui.

La voix du dernier garçon de ferme, pèse autant dans la balance que celle du plus illustre membre de l'Institut.

Si en 1789, la bourgeoisie combattait avec raison les idées exclusives et les privilèges du clergé et de la noblesse, aujourd'hui, ce n'est plus le tiers Etat qui entre en scène.

C'est la classe ouvrière, le prolétariat en un mot, qui lutte pour l'existence et demande une répartition plus équitable des salaires et ces charges publiques. Il veut pouvoir vivre de ce salaire et être assuré d'un morceau de pain à l'heure où il ne pourra plus travailler. Les pouvoirs publics se préoccupent sérieusement de la question : on a déjà promulgué et étudié sérieusement aujourd'hui des projets de lois, qui eussent été autrefois considérés comme d'irréalisables et dangereuses utopies.

Pour diriger ce mouvement incontestable qui se manifeste par des grèves journalières, et hier encore, à l'aide de la dynamite, par des attentats contre la vie et la propriété des citoyens, les efforts réunis de tous les gens sages, de toutes les opinions sont indispensables.

Il ne faut pas à notre époque, imiter l'exemple des émigrés, qui en 1791, quittaient la France, en prétendant que le bien ne tarderait pas à naître de l'excès du mal.

Il faut au contraire rester à son poste et combattre chaque jour, mais utilement le bon combat. Il est insensé de vouloir arrêter le cours d'un fleuve par un barrage perpendiculaire à son lit ; ou le barrage sera renversé ou les rives du fleuve seront dévastées.

La sagesse conseille de construire des canaux de dérivation, qui porteront la fécondité dans les terres voisines.

En 1828, un grand esprit, Royer Collard,

disait à la Chambre : *la démocratie coule à pleins bords !*

Que dirait-il s'il vivait aujourd'hui ! Il reconnaîtrait l'inutilité de toute résistance absolue au mouvement qui se produit, car si on peut tuer les hommes, on ne tue pas les idées.

Ne nous acharnons donc pas à faire prévaloir telle ou telle étiquette. Songeons au fond plus qu'à la forme : Monarchie, Empire et Républiques peuvent être excellents ou détestables, selon les hommes placés à la tête du gouvernement.

Tâchons donc de donner au navire de bons pilotes et pour cela essayons de nous faire représenter par des hommes voulant la liberté pour tous et non le despotisme au profit de quelques-uns.

Il est possible que nous ne réussissions pas dans notre tâche ; que nous ne puissions pas dissiper l'aveuglement des partis et que les courants soient plus forts que toute résistance et rebelles à toute direction, mais au moins nous aurons fait notre devoir et nous dirons avec le poète : *Victris diis causa placuit, sed victa Catoni !* Comme nous le déclarions en commençant, les leçons de l'histoire ne doivent pas être méconnues.

L'esclavage et l'autocratie de la vieille Rome, s'effondrent malgré les persécutions contre les martyrs, sous les efforts du christianisme ;

Louis XI, Henri IV, Richelieu, Louis XIV, brisent sa féodalité et forcent les grands barons despotiques à plier sous l'autorité royale et à ne devenir que de simples courtisans ;

La Révolution française détruit au profit

du tiers état, les privilèges de la noblesse et du clergé ;

L'humanité marche toujours malgré quelques temps d'arrêt — qui ne voit qu'à son tour, la démocratie, le peuple des travailleurs, donne aujourd'hui l'assaut à la bourgeoisie et au capital ?

Unissons-nous donc, nous, pas pour arrêter le mouvement, ce qui paraît bien difficile, mais pour lui imprimer une direction et n'irritons pas les grecs du Bas Empire, qui se disputaient entre eux quand Mahomet allait donner l'assaut à Constantinople.

C'est le parti le plus sage, le plus pratique, celui que devraient adopter les hommes honnêtes et intelligents de toutes les opinions en s'unissant sur une grande question : la prospérité et la tranquillité de la France !

Si ce trop long article peut les rallier aux idées que je viens d'exprimer, le but que je me proposais sera atteint.

Je ne puis mieux le terminer qu'excitant ces paroles d'un éminent esprit M. Augustin Filon.

« Depuis une vingtaine d'années, l'An-
« gleterre nous donne ce spectacle peut-
« être unique, d'une société qui passe
« de l'aristocratie à la démocratie sans
« crise, sans souffrance, presque sans le
« savoir, par une lente et pacifique évolu-
« tion des institutions et des mœurs.

« Pour détacher de la vieille France,
« cette France nouvelle que nous sommes,
« il a fallu le forceps révolutionnaire ; l'An-

« gleterre aristocratique a enfanté l'Angle-
« terre démocratique pendant le sommeil
« du chloroforme. »

Puisse l'exemple de nos voisins ne pas
être perdu pour nous — il en est temps
encore, si nous voulons nous unir au
lieu de nous combattre !

ASSÉZAT DE BOUTEYRE,

Ancien magistrat.

———

Le Puy, imp. Prades-Freydier, place du Breuil.

160

www.ingramcontent.com/pod-product-compliance
Lightning Source LLC
Chambersburg PA
CBHW060751280326
41934CB00010B/2444